Heinrich Detering
Untertauchen

Heinrich Detering
Untertauchen
Gedichte

Wallstein Verlag

To cat fin, with
Warden fyp —

Bain / Wang
Max voll

auf Selkirks Insel

Bienen, März

in meiner Wohnung lebt ein stiller Imker
er zeigt mir Bilder seiner Bienenvölker
aus einem grünen Tal im Libanon

er spricht von dunklem und von hellem Honig
wie man ihn nur im späten Sommer erntet
und deutet auf die Möbel zum Vergleich

er hört kein Radio liest nicht in der Zeitung
er möchte keine Fernsehbilder sehen
im späten März erwartet er den Mai

er liest im Wald die Spuren seiner Bienen
und zeigt die Stelle wo der Stich verheilt
ein stiller Imker wohnt in meinem Haus

Sommer 1959

ein Fisch war ich ein Frosch ein Ding aus Fell
ein blindes Vogeljunges wuchs im Leib
der Mutter als ein Tier ein kleines Tier

ein Etwas das mir fremd war auf dein Wort
zuerst war ich ein Kraut danach ein Thier
mein Ohr verschloss ein Fell mein Aug ein Star

so schwamm ich flog als Buddy Holly starb
im grausamen April von *Kind of Blue*
im Sommer in dem Che auf Kuba siegte

trug Schwimmhäute bevor ich auftauchte
atmete durch Kiemen nun sieh durch mich
schwimmt noch der Fisch im Dunkel ich bin er

und bin noch jedes Tier das ich da war
bin Kraut und Frosch und trage Flaum und Fell
so lassen wir das Hiersein manchmal los

und sie, der Seele Meister, leben fort

bei den Zimmerherren

aufgewacht aus unruhigen Träumen
find ich mich zwischen Kissen und Wänden
verschwunden die Flügel und die Fühler
nur zwei Beine und die sind unbrauchbar

jedes Summen zerfällt mir zu Wörtern
der Kopf so plump so prall von Gedanken
plötzlich ruf ich mein erstes Wort „Hallo!"
erschrocken über die fremde Stimme

in welche Büsche soll ich mich schlagen?
in welche Ritze kann ich jetzt kriechen?
wer wenn ich noch summte verstünde mich?
was werden die Zimmerherren sagen?

in den Tiergärten

in den Tiergärten wachsen die Tiere
wie Sträucher und Stauden Baum und Moos

unter den Tieren gehn die Eiben
wandeln Wegerich Efeu Jasmin

keinem Tier krümmen sie ein Härchen
sie sind so still wie Löwe und Lamm

wir ungebetenen Besucher
wurzeln unterm Tor und treiben aus

Kontrollmaus

besser ist es die Kontrollmaus sein

die Kontrollmaus kommt jedesmal davon
die Kontrollmaus wird nicht angerührt
die Kontrollmaus muss nur da sein

kopflos beinlos verstümmelt verreckt
immer die andere

am Wolfsbach

die Wasseramsel am Bach
putzte sich und der Biber
tauchte gleich daneben und
keiner wusste vom andern

von der hölzernen Brücke
sahn wir ihnen zu sprachen
verstummten tauchten ab und
keiner wusste vom andern

(es ging um Tiere um die
Schattenwerfer die Monstren
um Nacht und Nebel und die
Brücke die deine Hand hielt)

aber es ist kein Biber
auch keine Wasseramsel
sagtest du
      da fing ich an
deinen Augen zu trauen

Seegurke #2

tausend Jahre Dunkelheit das ist
wirklich dunkel nie der fernste Schimmer
Tunnel ohne Ende und Beginn

dann der jähe Absturz des Kometen
Scheinwerferlicht das sinkt und sucht
grauer Boden grau und grau und leblos

bis auf dieses regungslose Wesen
dieses bleiche Etwas still im Lichtkreis

kleiner runder Tunnel in dem großen
der ihn gleich mit Dunkelheit umhüllt

Derridas Katze

in einem Sommer voller
Schmetterlinge saß ich im
Gras am Buchenstamm und las
leicht blinzelnd im Sonnenlicht
dann schläfrig in einem Buch
voller Schmetterlinge und
vernahm das unhörbare

Geräusch von Katzenpfoten
quer durch eine Wohnung in
einer großen Stadt weit weg
vernahm ein Tappen bis
es haltmachte an einer
Badezimmertür da stand
jemand der ich sein konnte

so sah ich sie im Spiegel
hinter der linken Schulter
wo sie sitzt jeden Morgen
ich wusste es aber erst
jetzt da ich mich umdrehe
während der Spiegel beschlägt
seh ich sie zum ersten Mal

in ihren Augen seh ich
das Tier das ich also bin

nun folgt mein Blick dem Finger
eines Mannes der in den
Nebel dieses Spiegels schreibt
auf den Rand dieses Buches
so könnte es beginnen
denn wie in jedem Sommer
ist dieser Blick ein Anfang

unter dem Fenster

die Mönchsgrasmücke lag unter dem Fenster
ganz reglos und erstaunlich schmal und klein
ein Weibchen hellgrau rostrot nur die Kappe

wie groß dagegen meine flache Hand
die ihren schmalen Körper ganz bedeckte
und sie nicht mehr erwärmte plötzlich fiel

mir wieder ein wie man es richtig machte
ein wenig Erde Speichel das genügt
ein rasches Streichen mit der Fingerspitze

und hör das leise Knacken im Genick
das wieder eingerenkt den Körper straffte
die Flügel zittern das Herz schlagen ließ

warum trug ich sie trotzdem zu der Buche
warum hing denn der kleine Kopf herab
warum der schlaffe Fall in trockene Erde

nachts sah ich sie die Flügel lautlos breiten
sie schüttelte sehr leicht die Erde ab
dann flog sie singend in den Mondschein auf

spukhafte Nacht

wenn abends im Dämmern die Sachen erwachen
dann regt sich im Schaukelpferd leise der Drachen
dann wird aus dem aufziehbaren Hähnchen
aus Plastik ein schauriges Leviathänchen

es rappelt sich auf und es zieht durch die Gassen
und ist trotz des Haltegriffs nicht mehr zu fassen
und es huscht und es klappert und wackelt und knarrt
auf eine wirklich gespenstische Art

um Mitternacht wird es zum Ungeheuer
quietscht mit den Flügeln und speit etwas Feuer
schleicht um Kirche und Rathaus mit tückischem Blick
und kehrt in der Frühe ermüdet zurück

zwar tut es nichts Böses doch sieht so aus
und insgeheim hofft es auf etwas Applaus
das tut es fast immer sofern es nicht regnet
man sagt es bringt Glück wenn ihm einer begegnet

Wolfsgalgen

in einer klaren Mondnacht am Klostergut Ostringvelde bei Jever
vom zwanzigsten auf den einundzwanzigsten November 1783
wurde vom fürstlichen Jäger Anton Richter dem Sohn des
fürstlichen Wildschützes der sehr stolz war
der letzte Wolf in Friesland erschossen

ein starkes schönes Tier in Lebensgröße brachte ihn
der Maler Mette Schwitters getreu auf die Leinwand
nach Anton Richters genauer Beschreibung auch das Bild
ein fürstlicher Auftrag eine kleine Heldentat
zum dauernden Ruhme der großen

der Jäger wollte das tote Tier an den Galgen hängen
den Wolfsgalgen am Eingang zum Klostergelände
man sieht ihn im Bild klein und wartend
nur der Wolf sieht ihn nicht der Wolf sieht
aus dem Bild aus dem Augenwinkel heraus uns

so geht er durch das Bild durch die Mondnacht
durch das dunkelnde Schloss in Jever in getreuer
Lebensgröße durch die gemauerten Gänge die Kammern
vor deren Alkoven eilig Vorhänge zugezogen werden
bis in den Thronsaal bis dahin wo in ihrem Bild

die Zarin Katharina hilflos die Hand hebt das Zepter
so klein wie die Krone die Hand ihre Würde –

durch diese kalte Mondnacht im November geht ein Wolf
ein Wolf der uns jetzt im Blick hat denn der Galgen
im Bild von Mette Schwitters ist noch leer

in Lettgallen

verlandende Teiche im Niemandsland
im Mittagswind Laichkraut und Röhrichtbraun
die Seerosen leuchten im dunklen Moos

das Auge in dem sich der Himmel sah
wie langsam und wie blühend es sich schließt
wie es versinkt in seinem Schlaf und Traum

Moränen in Nütschau

achtzigtausend Jahre Kälte
Vorstöße Rückzüge Panzer und
Stauungen Stauchungen achtzig-
tausend Jahre Eis

Eiswind über Eisflächen Eis-
bergen über Schrunden Klüften
nichts und niemand unterwegs
in wegloser Welt

schildkrötenhaft langsame Be-
wegung achtzigtausend Jahre
in denen Gott wartete auf
diesen hellgrünen

Hügel über der Trave auf
dem jetzt zwei Lämmer schräg abwärts
zum Fluss traben und eines blickt
hoch ins Frühlingslicht blökt leise

Wasserläufer

die Spannung unter den Füßen
die ihn trägt ohne dass er auch nur
die kleinste Spur hinterließe
  ganz ohne jede Spur

das feste glatte Wasser
die schwerelosen Füße
das flüchtigste Spiegelbild
  kein Oben kein Unten bloß

diese leichteste Berührung übers
Wasser zu laufen das Wunder
ist so einfach und niemand
  macht es ihm nach

Atem

es ist die Schweigsamkeit die sie umgibt
das Zyperngras die Araukarie
den Feigenbaum am Wohnzimmerfenster

(niemand hört hin warum sollte man auch)

und es ist ihr Atem auch sie atmen
ein und aus langsam dicht neben diesen
müden Menschenleibern auf dem Sofa

Wisperer

niemand weiß wer sie sind
sie bewispern die Gräser im Stillen
sie bleiben im Dunkel
sie sind nur ein Gerücht

sie sind alt wie der Schachtelhalm
kleiner als die Moosblüte
beharrlich wie der Huflattich
sie sind wirklich sehr leise

sie wohnten in Schachtelhalmwäldern
im Oberen Devon im Schatten
sie bleiben übrig wenn Ratten
und Schaben verloren gehn

wenn du verstummt bist wenn dort
wo du warst das Gras wächst
hört sie der Schachtelhalm wispern
leise noch immer und unaufhörlich

invasive Arten

die Müllkästen am Eingang ausgeplündert
am Friedhof gegenüber letzte Reste
zerzaust und wie zur Ansicht ausgebreitet

in unauffälliger Distanz und halblaut murmelnd
drei Aaskrähen sie haben mich im Auge
sie schätzen meine nächsten Schritte ab

ich kenn euch Freunde ja ich weiß ihr wartet
auf Übernahme invasive Arten
ich weiß ihr seid jetzt dran und ja ihr plant

schon weiter lasst mir nur den Rest der Woche
gebt mir noch Zeit bis morgen bis heut Abend
schon gut ist gut von mir aus könnt ihr kommen

auf Selkirks Insel

Selkirk baut zwei Hütten auf der Insel
die eine wird sein Vorratsraum und Stall
die andre soll sein Haus sein wird sein Haus

Selkirk beginnt die Psalmen zu beten
laut um seine Stimme zu hören
lauter damit ihn Gott nicht überhört

Selkirk läuft barfuß so leicht dass er auf
keinem nassen Felsvorsprung mehr ausrutscht
kein Dorn ihn sticht kein Stein ihn mehr schneidet

Selkirk jagt zu Fuß den Ziegen nach
er fängt sie mit den bloßen Händen leichter
als mit seinem Jagdgewehr zuvor

Selkirk übersieht den überbuschten
Abhang stürzt hinab die Ziege auf die
er fällt rettet ihm sterbend das Leben

Selkirk lag drei Tage lang bewusstlos
auf der toten Ziege er erkennt es
am Stand des Mondes nickt geht wieder heim

Selkirk züchtet kleine zahme Ziegen
die ihm Milch geben wenn er krank wird
wird er notfalls eine davon schlachten

Selkirk wacht nachts auf vom Kitzeln am Fuß
Ratten die an seiner Hornhaut nagen
so beginnt er die Katzen zu zähmen

sollte ein Schiff ihn retten er wäre
sagt er ein schlechterer Christ als hier
auch würde er Schuhe tragen müssen

mit den Katzen und den sieben Geißlein
zum Psalmengesang auf ihrer Insel
barfuß vor seinen Hütten im Licht des

aufgehenden Vollmondes springt Selkirk

Ithaka

Schierke und Elend

Jeder Weg führt außen herum stand auf
dem Holzschild zwischen Schierke und Elend

es sollte Wanderer ermutigen
beteuern dass verkehrsreiche Straßen

von Wanderpfaden umgangen würden
es war nicht ganz sicher ob es stimmte

aber es war die Wahrheit dachte ich
es war vermutlich die reine Wahrheit

nach Frankenhausen

seht der Traum hat nicht gelogen
blau erglänzt der Himmelsbogen
Marsyas wird neu gehäutet
wenn die Morgenglocke läutet

über Bergen über Tälern
strahlt der Himmel blau und stählern
seht die Zukunft wird erbeutet
wenn die Mittagsglocke läutet

seht es wird sich alles wenden
wenn sie sengen brennen schwenden
leuchtet blau der Himmelsbogen
hat der Traum euch nicht belogen

im Karst

wenn die kalkweiße Schale das
ausgetrocknete wüste Land
sich nach dem Regen flutend füllt
ist das Wasser voller Fische

sie waren im Karst unterm Wald
sie schwammen tief unter dem Berg
sie waren im Dunkel all die Zeit
jetzt schwimmen sie im Morgenlicht

diese Fische werden wir sein

auf dem Schlangenberg

auf die Frage wo denn sein
Tor zur Heimat sei wies der
Dichter Cui Hao auf

den Dunst überm Fluss im Tal
das dort sei es das alles
sei es das da sei alles:

das himmelblaue Wasser
im wasserblauen Himmel

der wasserblaue Himmel
im himmelblauen Wasser

im Gestein

dass der harte Stein das weiche Wasser
besiegt bewies uns die Große Mauer

errichtet in dreihundert Jahren dann
wiederhergerichtet nach einhundert
nach zweihundert nach vierhundert Jahren

als wir dann das Wunder bestiegen bei
Badaling und die Arbeiter sahen
mühevoll am letzten Mauerabschnitt

und dann weiter wanderten schon zitternd
vor Kälte und durchnässt vom Herbstregen
schrieb endlich auf dem achten Signalturm

mein Freund Yuan in den Stein seinen Na-
men

Handreichung für Jütlandreisende

für Daniel Kehlmann

im Norden Jütlands unterhalb des Limfjords
nicht weit von Randers hinter Hamlets Grab
begegnest du dem unsichtbaren Drachen
auf dem was von der Heide übrig ist

du siehst ihn nicht das liegt in seinem Wesen
sein Rufen dringt an keines Menschen Ohr
kann sein dass du ihn unbemerkt durchschreitest
dass er dir spurlos nachgeht bis ans Meer

wenn keine Schatten deinen Weg verdunkeln
wenn nur der Westwind hörbar ist im Gras
und keine Spuren sichtbar sind als deine
dann ist der Drache näher als du weißt

wie sehr es ihn erleichtert dass du da bist
wie sehr es ihn belebt dass du jetzt kommst

Hohenzollernbrücke

unten strömen die Mythen
braun wie Eisenerzschlacken
und hier wo die Tauben brüten
mit Halsband und hellen Schabracken

reiten zwei preußische Kaiser
dunkel und grau wie der Dom
als folgte ihr Weg einem Weiser
reiten sie fort vom Strom

sie reiten aus blutigen Zeiten
mit mühsam gerecktem Kinn
als ob sie ihr Kommen bereuten
als wüssten sie nicht mehr wohin

fort von der Brücke den Leuten
auf schweren ermatteten Tieren
hat es was zu bedeuten
dass wir hier stehen und frieren?

Hagar, Detmold

so sitzt sie allein
das Kopftuch schwarz und ohne
Blick für die Tauben

an der Mauer der
Kirche in der sie beten
jetzt Sonntagmorgen

wie fern das Meer ist
wie unerreichbar weit fort
und wie nah so nah

dass jetzt das Wasser
über dir zusammenschlägt
dem du entkamst

Ithaka

die Heimkehr war nicht leicht gewesen nein
doch als er den ersehnten Rauch erblickte
stieg er im Westwind aus Ruinen auf
die Freier waren weg Penelope

war anderswo verheiratet weit fort
es ging ihr wie er hörte ganz passabel
das Weben hatte sie lang aufgegeben

der Hund tot wie die Amme, Telemach
war wie es hieß vor kurzem ausgezogen
auf Aventiure: Vaters Grab zu suchen

die Heimkehr war nicht leicht gewesen nein
und als er heimkam war kein Heim mehr da
so zog der Alte nochmals fort das Grab
zu suchen das dem Sohn zu finden blieb

Esther

Esther erweicht den König
Esther bezwingt den König
und rettet ihr Volk *Sela*

Esther meidet den Namen
der über den Namen ist
Esther bevorzugt die Stille

Esther überlebt Vashti
sie hält ein blutiges Wort
wer wäre wie sie wer weiß

so zu bluten zu schweigen
zu erweichen wer weiß und
so zu erretten *Sela*

Meersburg

ich las in diesem Bett sei sie gestorben
dem Kinderbett mit dem zu schweren Kranz
der sich ins Kissen drückt und den Verehrer

ihr widmeten der Raum war kühl und kahl
als ich das Schloss verließ ins Freie ging
da nahm sie in der Frühlingsluft Gestalt an

im Fürstenhäuschen saß sie neben mir
auf einer Schaukel unterm Apfelbaum
ich sah sie nicht und spürte sie es ging

von ihrem Körper eine Wärme aus
sie sprach halblaut von ihrem Leben hier
der Name Schücking wurde nicht erwähnt

es war als sei der Grabstein mit dem Datum
so voreilig als sei die Grube leer
there ain't no grave can hold my body down

da unten lag der See in dem die Alpen
sich spiegelten ich ging durch tiefes Gras
und erst in ihrem Weinberg hielt ich an

im Fürstenhäuschen saß sie neben mir
ich hätte sie gern nach Levin gefragt
der Name Schücking wurde nicht erwähnt

Sonnensichel

wie im Kino sagte ein Trauergast

als wir den Sarg hinaustrugen hatte
die Sonne sich wie gesagt verfinstert
hing als Sichel waagerecht im Nebel
über dem Friedhof den Häusern dem Land

so trugen wir den Sarg hinaus zum Grab
dem dunklen Grund zu unseren Füßen
über uns fuhr die Sichel dahin schnitt
wie einmal alle fünfhundert Jahre

(die schmale Barke alt wie der Himmel
wie die bronzene Scheibe auf der wir
standen und weinten) dann sank der Sarg und
das Boot die Sichel verschwebte im Rund

später überm Heimweg lichtete sich
der Vormittag es wurde wieder hell
wie im Kino sagte ein Trauergast
die Schnitte begannen zu vernarben

unter Samaritern

es war kein Vergnügen als spät am Abend
ohne Geld und ohne plausible Gründe
müd der Samariter zuhause ankam
   als er erzählte

von dem Mann der blutend am Wegrand dalag
(einem Fremden, ja) von dem Wirt im Gasthaus
Kost Logis vom schweren Verrat an seinen
   eigenen Leuten

kurz vor Mitternacht fing er an zu weinen
um gerechte Strafe zu bitten dann die
rasche Wiedergutmachung zu versprechen
   laut zu bereuen

endlich kurz vor Sonnenaufgang zu schwören
niemals mehr so unüberlegt zu handeln
da erwiesen zögernd die Samariter
   sich ihm barmherzig

Geh hinein

auf einer Matratze wird etwas
liegen das aussieht wie ich etwas

das Glück gehabt hat wenn es eine
Matratze ist auf der es dann liegt

Moria

der Esel der das Feuerholz
schweigend getragen hatte zum
Berg Moria während das Kind
ging neben ihm und dem Vater

stand er still auf dem Berg Moria
als das Holz endlich entflammte als
es stank nach verbranntem Fleisch als er
das Opfer roch hat er da geschrien?

der ihn gerufen hatte zum
Berg Moria den Schlächter er
der den Widder gewollt hatte
nicht das Kind wie tröstete er

den Esel der zitternd dastand
wie ließ er dann das Schlachtopfer
den Widder das erwachsene
Lamm auferstehn aus Asch und Bein?

Versuchsanordnung

ein Zaun ein Wald und eine Toreinfahrt
ein Warnschild ein kopfschüttelnder Gärtner
jederzeit war unser Weg zu Ende

Brombeerranken eiserne Vorhänge
hinter Brennesseln der Blick in die Schlucht
im Sonnenlicht flammte ein Dornbusch auf

wir drehten um tasteten uns vorwärts
hinein ins jeweils nächste Ende wir
waren also die Versuchsanordnung

zwei Mäuse die nicht ins Freie finden
zwei Mäuse unter wessen Blicken zwei
Mäuse auf überwachsenen Pfaden

wie kam die Choreographie in Gang
im Abenddämmern leicht durchs Dorngesträuch
wie wurden die Schritte zum Pas de deux

Lazarus

als er endlich und abermals gestorben war
fiel es Lazarus leichter als beim ersten Mal
zu plötzlich war er unterbrochen worden für
Zwecke die er nachträglich verstand doch hatte
das wiederkehrende Licht ihn jäh geblendet
der Lärm ihn betäubt und sein Gestank ihn beschämt

als Lazarus zum zweiten Mal gestorben war
durfte er bleiben wo er war in der Ruhe
im neuen Licht dem fremden Duft den Klängen
und ohne Verwunderung begegnete er
dann auch wieder dem Erwecker von damals
es schien ihm als seien sie beide erleichtert

bei den Etruskern

auf dem eigenen Sarkophag zu ruhen
eine Hand aufgestützt in der anderen
die Schale mit der wir lächelnd anstoßen

keine schlechte Idee nach vierzig Jahren
Ehe kein schlechtes Vorbild und außerdem
ist ja der Sarkophag noch immer ganz leer

der Untertaucher

1

im Frühjahr achtzehnhundertvierundsechzig
tauchte Ransonnet zum ersten Mal unter
sechsundzwanzig Jahre alt verschwand er von
der Oberfläche war vorübergehend

unsichtbar während er Ungesehnes sah

er saß bequem in einem Topf aus Stahl die
Taucherglocke hatte er selbst entworfen
nach unten offen von oben dieser Schlauch
mit Luft vom Boot oder vom nahen Ufer

er tauchte vor Ceylon dann im Mittelmeer
zu *Korallenbänken des Rothen Meeres*
im Schilfmeer (wirklich sah sein Grund wie Land aus)
er sah ganz nah die neuen alten Welten

2

Eugen von Ransonnet war Diplomat als er abtauchte
(er lebte in einer politischen Welt) als er im Indischen
Ozean verschwand siegten in Düppel auf der
Schlachtbank der Schädelstätte die Preußen führte Ulysses

Grant die Nordstaaten an plante Bismarck schon

den Krieg gegen Österreich (Ransonnets Land)
nach seinem Sieg erschienen englische *Sketches
of the Submarine Scenery Taken from a Diving Bell*
im Selbstverlag bei Reiffenstein in Wien

für jeden Tauchgang brauchte Ransonnet
Kanonenkugeln sechs hielten an Seilen
die Taucherglocke fest sorgten für Ruhe
des Blicks der Zeichenstifte und des Wassers

3

aus seiner Glocke sah Ransonnet den Grund
so ruhig wie noch nie ein Mensch vor ihm
sah neue Farben im verwandelten Licht
grüne Korallen Neptunsbecher schwankend

er sah die Fische golden blau und rot
gestreift gefleckt in lautloser Bewegung
er sah die neuen optischen Effekte
er zeichnete die lichtdurchströmte Stille

nur einmal malte er den Grund in Öl
so still und klar wie nie ein Mensch vor ihm
unter Seelilien und farbigen Fischen
sah Ransonnet was kein andrer Taucher sah

ein Menschenschädel klein und abgebrochen
aus Kalksteinriffen halb schon eingesunken
zwei dunkle Fische spielen wie im Wind
über den träumenden Augenhöhlen

Schwimmschule, nachmittags

vorübergehend

kurz das Wegstück über die Felder
Unkraut wucherte in den Spuren

was wir sagten blieb liegen zwischen
Gras und hellgrünen Weizenlinien

hinauf in den blauen Himmel stieg
ein Lerchengesang aus diesem Tal

in dem meine Geburt gewesen
sein muss in immer fernerer Zeit

Schwimmschule, nachmittags

nachmittags Schwimmschule sagte Mutter und ich ging
nackt ins Wasser klammerte mich an den Beckenrand
wissend dass ich beim ersten Loslassen unfehlbar
  ertrinken würde

während oben der Krieg nicht mehr erklärt wurde bloß
fortgesetzt der Bademeister war kriegsversehrt seit
vierundvierzig stadtbekannt ein Unikum er schwamm
  mit nur einem Arm

ich hatte noch mehr Angst vor dem Bademeister als
vor dem tiefen Wasser er schrie drohte mit Strafen
kein Schwimmschüler lachte ihn aus so folgte auch ich
  dem Befehl ließ los

an der Wand

der Lauscher an der Wand hört seine eigne Schand
sagte meine Mutter ich war sieben es war eine Redensart

ich hielt mir die Ohren zu rief sinnlose Silben rannte
ins Freie blieb fort war nicht zu beruhigen

seitdem bin ich im Freien unterwegs
seitdem halte ich Abstand zu Häusern

bei Kassel

hier hat die Landschaft in Flammen gestanden
die Bergkegel die erloschen verstummt sind
nichts als Krater Rauchschlote Lavatöpfe
soweit das Auge reichte wäre da je
  ein Auge gewesen

(Vater begeisterter Erdkundelehrer
erzählte mir davon als wir wanderten)

dort hat die Stadt in Flammen gestanden
die Häuser die verschwunden sind Straßen in
deren Asphalt die Pferde steckenblieben
noch aus hundert Kilometern Entfernung
  erblickte das Kind den Brand

den hätten seine Polen erschlagen

den hätten seine Polen erschlagen
in seinem eigenen Laden wenn sie
ihn gekriegt hätten aber da hatten
  ihn schon die Tommys

als Mutter uns Lebensmittel holen
schickte waren seine Polen nur noch
eine Redensart hinterm Rücken die
  wir nicht verstanden

aber wir hatten Angst weil er so schrie
wenn er das Weißbrot einpackte *schöne
Grüße zuhause* mit einem Brüllen
  das ja nur Spaß war

im Stall

er strich dem Schwein mit seinem Stock den Rücken
so würde es fetter sagte er ächzend
auf die hölzerne Trennwand im Stall gelehnt
sein Beinstumpf schmerzte bevor es regnete

er blieb lange manchmal dachten wir er sei
fortgegangen dann fanden wir ihn im Halb-
dunkel am Abend vor der Schlachtung war mein
Großvater nicht ansprechbar ich verstand nicht

das Bein hatte er im Weltkrieg verloren
in Nordfrankreich er war achtzehn Jahre alt

meine Mutter brachte mich ins Dachzimmer
hielt mir die Ohren zu die Stille blieb mir

Hanning

weiße Milch weiße Milch vor weißen Kacheln
weißer Kittel hinter der gläsernen Theke so weiß
wie dieser Milchladen war keines der Geschäfte
in der Langen Straße keines in der ganzen Kleinstadt in

der Frühe der Frühe kam sie sagte Mutter von den Höfen
aus den Dörfern auch aus unserem die Molkerei war
nur ein paar Straßen entfernt der Mann der weiße Mann
hinter der gläsernen Theke füllte sie säuberlich ab

wir tranken und tranken aus den reinen Gefäßen
zuhause im Dorf morgens und abends die Milch
so weiß wie der Kittel wie das Bild meiner Kindheit
hinters Ohr hatte der Mann seinen Bleistift gesteckt

der Meister weil er Buch führte säuberlich das fiel mir
wieder ein als ich ihn im Fernsehen sah vierund-
fünfzig Jahre später als er dem Gericht erklärte
wie er Buch geführt hatte

Ernster Bibelforscher

der Großonkel war Ernster Bibelforscher
man fand ihn sonderbar zu Weihnachtsfeiern
Geburtstagen Erntefesten lud man ihn
nicht ein aber da war doch dieser Respekt
und die Ungewissheit was das wohl sei ein
  Ernster Bibelforscher

so dauerte es ein paar Wochen ehe
man verstanden hatte er war deportiert
nach Buchenwald wie die Spartakisten die
auch nicht mehr zurückkamen die Familie
sprach nie mehr davon bis ich achtzehn war die
  Schande diese Schande

Noch einmal für Martha

Zu einem Bild von Carl Holsøe

wir haben ihr Gesicht nicht mehr gesehen
wir sahen nur wie sie schon abgewandt
von uns und von dem Licht das eben noch
auf ihrem Scheitel lag den Schritt verhielt

und still stand nur für einen Augenblick
auf altem Kopfstein Schatten Moos und Gras
schon zugewandt dem Haus von dessen Tür
ein Fensterglas das Abendlicht zurückwarf

und still stand zwischen Stall und Hof und Haus
für einen Augenblick im ersten Schatten
still zwischen Licht und Licht im frühen Abend
und etwas festhielt das wohl Arbeit war

so standen wir im Eingang des Gehöfts
und sahen sie die uns nicht sah
                            dann kehrten
wir schweigend in den eigenen Schatten heim

Klopstock, schlaflos

die Sichel die den Sternenhimmel ritzt
er sucht die bleiche Sichel mit dem Blick
und jählings packt ihn wieder im Genick
die kalte Macht die ihn bei Nacht besitzt

verschwunden erst dann unverhofft so nah
ist sie ihm viel zu hoch und viel zu oben
er will sie gleich in einer Ode loben
wie abgrundtief die Nacht wär sie nicht da

wie abgrundtief die Nacht und er inmitten
der Finsternis im kahlen Eichenwald
wie himmelhoch die fahle Lichtgestalt
er greift nach ihr und hat sich schon geschnitten

so liegt er still am Rand des Sterngewimmels
geklammert an den Haltegriff des Himmels

Rückkehr

im Traum heute Nacht konnte ich herum-
gehen auf zwei Beinen als sei es nichts
Besonderes konnte greifen so mit
beiden Händen die Arme ausstrecken

nach dem Aufwachen blieb ich still liegen
wartete einige Zeit stand dann auf
ging herum griff dies und das reckte die
Arme als sei es nichts Besondres

im Traum heute Nacht sah ich dich lebend
und wunderte mich dass ich mich nicht
wunderte als ich dann aufwachte und
in die Küche ging siehe da warst du

Märchen

heute back ich
morgen brau ich
übermorgen hol ich
tief Luft blas mich auf

trag meinen Kopf
unterm Arm
reiß mir ein
Bein aus und

niemand weiß
das alles ist
nur für
dich mein Kind

in Großmutters Haus

nun ist es gut wie es sein soll
still und dunkel und ganz im Glück
macht nichts wenn das Käppchen verrutscht

hierher hast du immer gewollt
dies ist das Haus nach dem langen
Weg durch Wald und über Wiesen

wer risse dich hier noch hinaus
in Kälte und blendendes Licht
wer schnitte diesen Mantel auf

den dunklen stillen Bauch des Wolfs

Glücksmarie

jede Nacht fällt das Kind in den Brunnen
jede Nacht fällt es aus allen Wolken
fällt es dem Dunkel in den Schoß
liegt im Morast wie ein Hund begraben

ja wie ein Hund sagt es noch
wie ein Hund

Wiedersehen

das selbstbewusste dreijährige Kind letzte Nacht
das lachend auf das Baby zeigte und sagte
guck mal der Kleine! und es klang so zärtlich
dass ich mir nicht zu helfen wusste im Schlaf

und aufwachte und noch dieses Lachen
im Ohr hatte wie es nur Dreijährige haben
wenn sie etwas sehr Sanftes empfinden:

das war diese Mutter die jetzt ihr Kind stillt
und mich ansieht mit lachenden Augen

Paula

erstaunlich wie viele Tiere uns lebend verließen
drei Wellensittiche der Marder unterm Dach und natürlich sie

sie war ein paarmal fortgelaufen als sie eines Abends
nicht mehr zurückkam kein freundlicher Nachbar
sie an unsere Haustür zurücktrug sie blieb fort
(Schildkröten sind schnell wenn man nicht hinsieht)
dabei hätten wir sie wiedererkannt unbedingt an dem Kratzer
der hellen Spur auf dem Rückenpanzer (ein Lieferwagen
hatte sie überfahren bei einem Ausbruch) sie hieß Paula
wenn sie Erdbeeren verschlang im Garten im Frühsommer
    verschwand ihr Kopf fast in der Frucht so
    blieb sie uns seit der Kindheit im Gedächtnis

beim Spaziergang durch Milet Jahre später (ein diesiger
Tag das Gelände menschenleer) sahen wir Paula wieder
die Kinder erkannten sie gleich sie hatten sich
nie satthören können an der Lieferwagengeschichte
Paula war sehr alt geworden so kroch sie
durchs trockene Gras hob den Kopf der Kratzer
auf dem Rücken war verblasst doch klar zu sehen
Paula die Überwinderin die Überlebende die Kinder
    rannten uns zu holen um das Wunder zu sehen
    als wir gelaufen kamen war Paula wieder fort

erstaunlich wie viele Tiere uns lebend verließen
Schildkröten sind schnell wenn man nicht hinsieht

unter Fischern

unter Fischern

niemand von den Gästen wusste wer er war
vielleicht war Dave schon fortgezogen
vielleicht nicht einmal mehr am Leben
die Nachricht war alt da weiß man nie

vielleicht war er auch mitten unter uns
in diesem belebten Pub ein Fischermann
unter Fischermanns Freunden hätten wir ihn
gesehen wir hätten ihn nicht erkannt

doch nirgends waren wir so ruhig und getrost
wie hinter dieser Türe mit dem zerknitterten
dem handgeschriebenen Zettel der guten
Nachricht *All the fish is caught by Dave*

Komposition

für Helmut Lachenmann

in der ersten Stunde verteilte der Komponist
leere Notenblätter an seine Schüler danach
verfiel er in Schweigen die Schüler sollten alles
aufschreiben was sie hörten in der Stille die nun
begann

aber da war nichts zu hören nichts außer
dem Motorengeräusch auf der Straße dem Hämmern
dem Wind in den Fensterritzen dem Klappern der Tür
dem Summen in den Ohren dem eigenen Herzschlag
dem Rascheln von Notenpapier dem kratzenden Stift

Tonspuren in der Stille ein Klatschen von Rudern
dann ein langsames Fallen von Tropfen ins Wasser
dann nur noch das leise Plätschern der Wellen ums Boot
endlich wie am Anfang nichts als das weiße Papier

Stratford

hier kam ich an mit achtundfünfzig Jahren
im Flugzeug mit der Eisenbahn zu Fuß

dann suchte ich wie jeder nach den Spuren
die keines seiner Häuser mehr verriet

ich fand sie jetzt in Trinity zuletzt
drei Schritte von der Taufe bis zum Grab

Blauer Mond

unterm Blaulicht summt
Elvis die Antwort auf den
verhallenden Satz

über die Steppe
das langgezogene U
nachtblaues Falsett

während die Brust schweigt
während der Bass gedämpft im
Flageolett verstummt

tragen ihn seine
langsam trottenden Saiten
wie ein müdes Pferd

bald nur noch Stimme
ohne Pferdehals und Pferd
ins Blaulicht hinaus

Landregen in Tennessee

manche sagen dass Elvis als er sein Haus zurückließ seine
Freunde (wie seine Medizin seine Krankheit sein Fett sein
Land) sein Cape ausbreitete wie Schmetterlingsflügel dann
vor den Augen aller aufgehoben wurde und durch die
Hallendecke verschwand
andere sagen dass ihn der Phönix entführte auf den
Wolken des Himmels einige dass ihn sein Drache davontrug
viele sahen dass er auf dem Tiger fortritt mit dem er so
hieß es gekommen war vor langer Zeit
wieder andere glauben er habe in einem Sarg aus Glas
gelegen schlafend in seinen Kleidern weiß wie Schnee die
Augen geschlossen unter dem Helm aus Haar schwarz
wie Ebenholz die Lippen rot wie Blut

die Wahrheit ist dass er zwischen den Birkenstämmen verschwand ungesehen in einer Frühlingsnacht in Mississippi
oder Tennessee im flackernden Halbschatten am Rande
des Schlachtfelds

seitdem hören sie ihn nachts manchmal wie das Echo einer
fernen Stimme die *Glory Hallelujah* singt und es fällt ein
roter Blütenschnee auf die Schlachtfelder auf Mississippi
und Tennessee oder ein leichter Frühlingsregen

das sind seine Schweißtropfen sagen sie dann oder sein
Blut *Glory Hallelujah*
das gibt eine gute Ernte

Kreuzabnahme

das Weinen der Frauen der Kollaps der Mutter
die wilden Mienen der Kriegsknechte das Schweigen

der Menge und das Lächeln dieses Besuchers
der seine Selfiestange nicht vergessen hat

und dieses Erinnerungsfoto auf dem sie
alle beieinander sind nah wie Tag und Nacht

from Hell

der Teufel mit den drei goldenen Haaren
kommt wenn man ihn ruft im eigenen Flugzeug
das in Goldlettern seinen Namen trägt

er unterbricht seinen Seelenfang wenn er
sich einsam fühlt dann ruft er in die Menge
Wisst ihr eigentlich wieviel Gold ich habe?

den Zauberspiegel hat er stets vor Augen
und sieht darin die Teufelsfratze golden
es ist wirklich die schönste im ganzen Land

bei Nacht ist dem Teufel oft elend zumut
dann schaltet er den Fernseher ein und sucht
nach einem Sender der seine Fratze zeigt

alles gehört ihm alle Reiche der Welt
nur wenn er sie ansieht machen sie ihm Angst
es sind so viele und viel größer als er

wenn er mit sich allein ist stürzt der Teufel
in seine sauerstofflose Leere ab
wenn er mit sich allein ist lebt der Teufel

in einer Hölle die seinen Namen trägt

Ahab

wir sahen ihn winken
den Leib
in der fliegenden Gischt
schattenhaft nah und verwischt

wir kämpften uns durch das Treib-
holz in die stürzenden Massen
um ihn zu fassen
der Abstand trog

er winkt aus dem weißen Sog
wir sehn einen Schatten
ertrinken

alte Fotos

beim Blättern in alten Katalogen

heilig heilig Ginsberg fotografiert
von Peter Orlovsky vollbärtig nackt
auf den Stab gestützt am Ufer des Sees

Bettelmönch Buddha und Dionysos
freies Bewusstsein im freien Körper
halb Nazarener und halb schon Guru

seufzend seh ich das Foto im Winter
an meinem heilignüchternen Schreibtisch
frisch angezogen geduscht und rasiert

ach ihr wisst schon

Wallace Stevens hatte ja diese schreck-
liche Ehefrau die er nicht verließ
er hatte auch diesen schrecklichen Job
bei dem Versicherungsunternehmen
in Hartford, Connecticut den er doch
ums Verrecken nicht aufgeben wollte

er wollte ihn nicht einmal aufgeben
als ihn der Ruf nach Harvard erreichte
er wäre überhaupt keinem Ruf ge-
folgt er folgte keinem nirgendwohin
folgte nicht war überhaupt nie folgsam

außerdem hatte er ja diese schreck-
liche Neigung Gedichte zu schreiben

schreckliche Gedichte Wallace Stevens
muss ein schrecklicher Mensch gewesen sein

Nachtschatten

an der Kreuzung in den Feldern beim Einbruch der dunklen Nacht
in den Baumwollfeldern an der Kreuzung beim Einbruch der Nacht
beim Warten hat Robert Johnson ein kleines Feuer gemacht

aus dem Dunkel hinter den Feldern erwartet Robert Johnson Besuch
an der Kreuzung in den Feldern erwartet Robert Johnson Besuch
zuerst sagt er alle Gebete danach spricht er den Fluch

am erloschenen Feuer ist Robert Johnson erwacht
spät am erloschenen Feuer ist Robert Johnson erwacht
an der Wegkreuzung in den Feldern in der Wärme der blauen Nacht

das Summen des Königs

aus dem Dunkel in dem die Menge schweigend
steht tönt eine Flöte dann ein Orchester
dann wird es Licht im ganzen Kino wie das
  Love Light in My Heart

aus dem Wolkengrau des Himmels legt sich ein
Schleier aus Nieselregen auf die Menge
die durch die Straßen geht unmerklich erfrischt
  leicht im *Falling Rain*

unter dem Dunst dieses Abends strömt der Fluss
der braune Fluss an dem Palast vorüber
in dem der König leise *Blue Day* summt im
  Twilight und verstummt

Lügengeschichte

das Bein das Lord Uxbridge in Waterloo verlor
(er hatte Englands Kavallerie kommandiert)
wurde nach der Schlacht die Uxbridge überlebte
in Waterloo zwischen den Gefallenen begraben

als seine Lordschaft im Ganzen gestorben war
vierzig Jahre später sandte man aus Frankreich
sein eigens exhumiertes Bein zum festlichen
erneuten Begräbnis nach London hinüber

als ein Zeichen des Dankes kam aus London das
inzwischen erworbene Holzbein zurück es
bewohnt jetzt einen Ehrenplatz auf dem Schlachtfeld

manchmal in nebligen Mondnächten in denen
Lord Uxbridge auf seinem Kirchhof zweibeinig um-
geht hört man es in Waterloo leise knirschen

Wien, Saal XXII

leichter als Glas treiben Quallen durch den
Saal XXII zwischen dem Türsturz
und der Decke erfüllt vom kräftigen
Atem eines Glasbläsers aus Böhmen

leichter als Luft im Wasser sie kommen
von weit her sie trieben durch diesen Raum
als da noch keine Mauer war kein Dach
als Böhmen im Meer lag da schwammen sie hier

dann als Türsturz Mauern und Decke her-
aufwuchsen neulich wie Algen wie der
Schachtelhalm da hielt der Atem des Glas-
bläsers sie fest nun schweben sie langsam

so langsam als stünden sie still in der Luft
oben in Saal XXII sie erwarten
das warme Meer das zurückkehrt das so
langsam zurückkehrt als stünde es still

Stella maris

es standen Seesterne am Himmel

die Heringsschwärme rotierten wie Windhosen
mit trägen Flügelschlägen kreuzten
die Rochen im Westen

und über mir schlug als der Horizont
kippte das Wasser zusammen

so trieb ich hinunter hinauf
schwamm aufwärts abwärts

schwamm nicht mehr

das Fliegengedächtnis

das Fliegengedächtnis erlischt
alle eins Komma acht Sekunden
alle eins Komma acht Sekunden

beginnt die Welt von vorn das ist
dreimal so schnell wie es dauert
diese sechs Verse zu lesen die

schon vorbei sind

gestern Abend

gestern Abend
immer noch
die alten Pläne

und der Vorsatz
nicht mehr zu lügen
als unbedingt nötig

Sommer 1959 Die zweite Strophe stammt aus Versen Albrecht von Hallers, der Schluss aus Ezra Pounds Gedicht *Histrion*: »so cease we from all being for the time / and these the Masters of the Soul live on«.

Wisperer im Dunklen »Bewisperer von Gräsern und Nüssen« nannte Gottfried Benn die ›naturmagischen‹ Lyriker.

auf Selkirks Insel Alexander Selkirk wurde zu einem der Vorbilder für Daniel Defoes *Robinson Crusoe*; das Gedicht benutzt seine Berichte an Woodes Rogers und Richard Steele.

Handreichung für Jütlandreisende Nach einer Mitteilung in Daniel Kehlmanns Roman *Tyll*.

das Summen des Königs Der thailändische König Bhumipol, der im Oktober 2016 starb, schrieb Jazzmusik; 1960 besuchte er in Hollywood den King.

Wien, Saal XXII Die von Leopold und Rudolf Blaschka geblasenen gläsernen Quallen zeigt das Naturhistorische Museum in Wien.

Inhalt

auf Selkirks Insel

Bienen, März 7
Sommer 1959 8
bei den Zimmerherren 9
in den Tiergärten. 10
Kontrollmaus. 11
am Wolfsbach 12
Seegurke #2 13
Derridas Katze. 14
unter dem Fenster 16
spukhafte Nacht 17
Wolfsgalgen. 18
in Lettgallen. 20
Moränen in Nütschau. 21
Wasserläufer 22
Atem 23
Wisperer 24
invasive Arten 25
auf Selkirks Insel. 26

Ithaka

Schierke und Elend 31
nach Frankenhausen 32
im Karst 33
auf dem Schlangenberg. 34
im Gestein 35

Handreichung für Jütlandreisende............. 36
Hohenzollernbrücke 37
Hagar, Detmold........................... 38
Ithaka.................................... 39
Esther.................................... 40
Meersburg................................ 41
Sonnensichel.............................. 42
unter Samaritern.......................... 43
Geh hinein................................ 44
Moria.................................... 45
Versuchsanordnung 46
Lazarus................................... 47
bei den Etruskern 48

der Untertaucher

Schwimmschule, nachmittags

vorübergehend 57
Schwimmschule, nachmittags 58
an der Wand 59
bei Kassel................................ 60
den hätten seine Polen erschlagen 61
im Stall.................................. 62
Hanning.................................. 63
Ernster Bibelforscher 64
Noch einmal für Martha.................... 65
Klopstock, schlaflos........................ 66
Rückkehr 67
Märchen................................. 68
in Großmutters Haus 69

Glücksmarie	70
Wiedersehen	71
Paula	72

unter Fischern

unter Fischern	75
Komposition	76
Stratford	77
Blauer Mond	78
Landregen in Tennessee	79
Kreuzabnahme	80
from Hell	81
Ahab	82
alte Fotos	83
ach ihr wisst schon	84
Nachtschatten	85
das Summen des Königs	86
Lügengeschichte	87
Wien, Saal XXII.	88
Stella maris	89
das Fliegengedächtnis	90
gestern Abend	91

Bibliografische Information der Deutschen
Nationalbibliothek
Die Deutsche Nationalbibliothek verzeichnet diese
Publikation in der Deutschen Nationalbibliografie;
detaillierte bibliografische Daten sind im Internet über
http://dnb.d-nb.de abrufbar.

© Wallstein Verlag, Göttingen 2019
www.wallstein-verlag.de
Vom Verlag gesetzt aus der Aldus
Umschlaggestaltung: Wallstein Verlag, unter Verwendung
eines Ölgemäldes von Eugen von Ransonnet: Meeresboden
(Ausschnitt).
Druck: Hubert & Co, Göttingen
ISBN 978-3-8353-3444-1